Bibliografische Information der Deutschen Nationalbibliothek:

Die Deutsche Bibliothek verzeichnet diese Publikation in der Deutschen National-bibliografie; detaillierte bibliografische Daten sind im Internet über http://dnb.d-nb.de/ abrufbar.

Impressum:

Copyright © 2008 GRIN Verlag, Open Publishing GmbH
Druck und Bindung: Books on Demand GmbH, Norderstedt Germany
ISBN: 978-3-656-18400-3

Dieses Buch bei GRIN:

http://www.grin.com/de/e-book/192886/landerziehungsheimbewegung-konzept-und-geschichte-der-landerziehungsheime

Philipp Müller

Landerziehungsheimbewegung. Konzept und Geschichte der Landerziehungsheime

GRIN Verlag

GRIN - Your knowledge has value

Der GRIN Verlag publiziert seit 1998 wissenschaftliche Arbeiten von Studenten, Hochschullehrern und anderen Akademikern als eBook und gedrucktes Buch. Die Verlagswebsite www.grin.com ist die ideale Plattform zur Veröffentlichung von Hausarbeiten, Abschlussarbeiten, wissenschaftlichen Aufsätzen, Dissertationen und Fachbüchern.

Besuchen Sie uns im Internet:

http://www.grin.com/

http://www.facebook.com/grincom

http://www.twitter.com/grin_com

PH Ludwigsburg

Institut für Erziehungswissenschaften

„Gegen die Übel der Zeit"- Kulturkritik und die Anfänge der Reformpädagogik

Sommersemester 2008

Schriftliche Ausarbeitung zum Thema:

Landerziehungsheimbewegung

Erwachsenenbildung

01.August 2008

Inhaltsverzeichnis

Einleitung

Meine Ausarbeitung zu der Landerziehungsheimbewegung befasst sich vor allem mit den Inhalten, der von D. S. und mir gestalteten Seminarsitzung am 16. Juni 2008. In der schriftlichen Ausarbeitung werde ich sowohl Inhalt als auch Ablauf meines Referates beibehalten. Demzufolge werde ich mit Minna Specht beginnen, über das Landerziehungsheim Walkemühle, in dem sie einige Jahre Leiterin war fortfahren und hier im Besonderen die Erwachsenenabteilung beleuchten, da dies besonders für mein Studium als Erwachsenenbildner von großem persönlichen Interesse ist. Für Minna Specht habe ich mich zum einen aufgrund der Erwachsenenabteilung entschieden, zum anderen, weil Specht eine sehr politische Pädagogin war und ich die Kombination von Politik und Pädagogik für sehr spannend halte Anschließend werde ich die Vor – und Nachteile, sowie die Bedeutung und Auswirkung auf die heutige Zeit betrachten und abschließend einen kleinen Exkurs in die heutige Zeit der Landerziehungsheime aufzeigen An diesem Punkt ist mir auch wichtig die Aktualität der Landerziehungsheime in der heutigen Zeit aufzuzeigen, um einen Bogen in die Gegenwart zu spannen. Abrundend wage ich ein persönliches Statement zu der Landerziehungsheimbewegung.

1. Minna Specht

1.1 Biografie

Obwohl Minna Specht eine der größten Pädagoginnen in der Landerziehungsheimbewegung war, wird ihr Name in der Literatur nur selten überhaupt erwähnt und
wenn, dann nicht neben ihren ebenbürtigen Pädagogen wie Paul Geheeb, Hermann
Lietz oder Gustav Wyneken genannt.[1]

Im folgenden Teil möchte ich nun ihren Lebenslauf beleuchten, da dieser und weitere
soz. Begebenheiten vor allem in ihrer Kindheit einige Parallelen und Schlüsse auf ihr
späteres pädagogisches Verhalten aufweisen.

So führte ihre Mutter als Alleinstehende das Schloss als Hotel weiter und führte somit
ein regelrechtes Wirtschaftsunternehmen. Zeit für die Kinder hatte sie kaum, sodass
diese viel Freiraum bekamen und sich selbst und die Umwelt frei und ungezwungen
entdecken konnten. Außerdem wurden die Kinder nicht von der eigenen Mutter,
sondern von einer Gouvernante erzogen. Darüberhinaus lebten die Kinder in den
Sommermonaten direkt in der Natur, im Sommerhaus[2].

Minna Specht wird am 22.12.1879 als siebtes Kind des Ehepaares Mathilde und
Wilhelm Specht geboren und wächst auf Schloss Reinbek auf. Ihr Vater verstarb
relativ früh, sodass ihre Mutter alle Kinder alleine aufziehen musste. Sie verbrachte
die Schulzeit von 1884 bis 1894 in einer kleinen Reinbeker Privatschule, danach in
einer höheren Mädchenschule in Bergedorf[3].

Von 1896 bis 1899 wurde sie im Seminar der Klosterschule in Hamburg zur Lehrerin
ausgebildet, was gegen ihren Willen geschah. Die eng und formal gebundene Art, in
der der Schulunterricht dort gelehrt wurde, stieß sie so ab, dass sie sich zunächst um
eine private Stelle als Erzieherin bewarb. Von 1899 bis 1902 war sie Erzieherin
zweier Töchter einer Familie. Hier entdeckte Minna Specht die Freude am
Unterrichten. Minna Specht unterbrach ihre Berufstätigkeit, um sich als 27-Jährige
weiter zu qualifizieren, nachdem es Lehrerinnen mögliche wurde, sich in
Universitätsstudiengängen zur Oberlehrerin ausbilden zu lassen. Sie studierte von
1906 bis 1909 in Göttingen, dazwischen ein oder zwei Semester in München

---

[1] vgl. Inge Hansen-Schaberg 1992, S.13
[2] vgl. http://www.philosophisch-politische-akademie.de/specht_e.html#top
[3] vgl. http://www.philosophisch-politische-akademie.de/specht1.html

Geschichte, Geographie, Geologie und Philosophie. In der Abschlussprüfung erhielt sie in allen Fächern "Sehr gut". Anschließend arbeitet sie 2 Jahre als Lehrerin bevor sie weitere Vertiefungstudien in Mathe belegte. In diesem zweiten Studium lernte sie den Philosophie-Dozenten Leonard Nelson kennen, dessen Ideen und pädagogische Konzeptionen ihren weiteren Lebensweg bestimmen sollten. Sie lebte mit ihm zusammen ohne zu heiraten. Der Grund für die Ehelosigkeit war zum einen, dass beide die Ehe als hinderlich für das Arbeiten ansahen. Zum Anderen mussten damals noch Lehrerinnen im Zölibat leben. Eheschließung hätte zur Berufaufgabe des heißgeliebten Berufes von Specht geführt. Für damalige Verhältnisse war dieses eheähnliche Zusammenleben skandalös. Das Hauptbestreben Nelson lag in einem Sittengesetzes, das als Idee der Gerechtigkeit die Beziehungen der Menschen untereinander verbindlich regeln soll. Für Nelson war die Erziehung zur Freiheit, die mit dem gleichen Anspruch aller anderen Menschen auf Würde und Freiheit zusammen bestehen kann, in erster Linie Erziehung zur Pflicht: nämlich zur eigenverantwortlichen und aus eigener Einsicht vollzogenen Bereitschaft, die gleichberechtigte Würde des anderen jederzeit verbindlich zu respektieren. 1917, während des 1. Weltkrieges, gründen Minna Specht und Nelson u.a. eine pazifistische Vereinigung, die sich als Erziehungsgemeinschaft versteht und strenge Forderungen an ihre Mitglieder stellt. Minna Specht trat aus der Kirche aus, wurde Mitglied im Verband für Freidenkertum und Feuerbestattung, trat für die Jugendweihe ein, betätigte sich in einer politische Partei, zunächst in der USPD, dann in der SPD, rauchte nicht und trank keinen Alkohol, ernährte sich vegetarisch und trieb viel Sport. Das Einhalten dieser sog. "Mindestforderungen" war Bestandteil der Selbsterziehung, Selbstdisziplinierung und Charakterschulung, die in der Gemeinschaft um Nelson als unerlässlich für die Vorbereitung auf politische Führungsfunktionen gewertet wurde, und Minna Specht folgte diesen Grundsätzen. Sie setzte sich für die Gründung staatlich finanzierter LEH und die radikale Erneuerung nach dem ersten Weltkrieg[4].

1924 wurde Minna Specht Leiterin des LEH Walkemühle, in dem sozialistische Führungspersönlichkeiten ausgebildet wurden u. Kinder zum unabhängigen Menschen erzogen werden sollen. In jenem Jahr unternahm sie auch einige Reisen in die UDSSR. Zwei Jahre später wurde sie aufgrund von parteischädigendem Verhalten aus der SPD ausgeschlossen. Daraufhin wurde sie Mitbegründerin einer sozialistischen Partei mit der Idee der Gerechtigkeit.1931 ging Minna Specht als

---

[4] vgl. Inge Hansen-Schaberg 1992, S.21 ff

4

Zeitungsredakteurin nach Berlin, weil ihre Partei alle Kräfte auf die Herausgabe der Tageszeitung "Der Funke" konzentrierte. Das Ziel war, eine Einheitsfront aller Arbeiterparteien gegen die Gefahr einer nationalsozialistischen Machtübernahme aufzubauen. Dies geschah unter anderem durch den Aufruf zu einem Wahlbündnis zwischen SPD und KPD im Januar 1932. Dem Scheitern folgte wenige Monate später die Regierungsübernahme Hitlers.1940 wurde Minna Specht für ein Jahr auf die Isle of Man interniert, weil sie als Deutsche, als "feindliche Ausländerin" eingestuft wurde. Bereits 1942 entwickelte sie ein Konzept für ein vom Nationalsozialismus befreites Deutschland. Ein Jahr nach Kriegsende remigrierte Minna Specht im Alter von 65 Jahren nach Deutschland und leitete eines der bekanntesten Landerziehungsheime, die Odenwaldschule bis 1951. Unter dem Motto "Mut zur Lücke" setzte sie auch die Oberstufenreform in Hessen in Gang, die eine Reduzierung des Fächerkanons beinhaltete. Minna Specht starb am 3.Februar 1961 in Bremen[5].

Minna Specht Minna muss wohl eine Art Allrounder gewesen sein, die großen Einfluss auf ihre Umgebung ausübte. Manchmal zeigte sie ihre Meinung, bzw. übte sie bereits allein mit bloßen Gesten oder Nichtstun die Autorität auf andere Menschen aus. Specht besaß laut Nelsons einerseits: Mut, Ausdauer, Energie, Neugier, Durchsetzungsvermögen, Wissbegierde, etwas Abenteuerlust und den Wunsch nach Eroberungen. Andererseits aber auch: Warmherzigkeit, das große Interesse an Menschen und die tiefe Anteilnahme, ohne die eine Pädagogin nicht wirksam sein kann.

1.2 Spechts pädagogischen und politischen Phasen[6]

Minna Spechts pädagogisches und politisches Wirken lässt sich grob in vier Phasen einteilen, denen sie unterschiedliche Bedeutungen zukommen ließ. So können als explizite Phasen die Walkemühle, die Exilschulen in Dänemark und Großbritannien, die theoretische Arbeit im Exil in London, wie auch ihr Wirken in der Odenwaldschule nach 45 genannt werden.

In der Weimarer Republik legte sie Schwerpunkte auf die politische Erwachsenenbildung mit dem Ziel der sozialistischen Führererziehung und die

---

[5] vgl. http://www.philosophisch-politische-akademie.de/specht_e.html#top
[6] vgl. Inge Hansen-Schaberg 1992, S.169 f

politische Arbeit im Internationalen Jugend Bund (IJB) und dem Internationalen sozialistischem Kampfbund (ISK). Ab 1933 stand dann die Arbeit mit Kindern Im Exil unter dem Motto „Erziehung zum Selbstvertrauen" im Mittelpunkt. Ab 1941beschäftigte sich Specht mit der Umerziehung der Nazijugend und dem Aufbau des zukünftigen Schulwesen mit der „Erziehung zur Friedensbereitschaft und Demokratiefähigkeit". 1946 übernahm sie die Odenwaldschule unter dem „Prinzip der sozialen Verantwortung". Sie trat nun auch wieder als Mitglied der SPD bei. Versucht man Specht nur unter einer dieser Phasen zu charakterisieren verfälscht man definitiv ihr großes Wirken.

2. Walkemühle

2.1 Pädagogisches Wirken in der Walkemühle

Das Landerziehungsheim Walkemühle bei Melsungen wurde 1922 gegründet und gliederte sich in eine Schule für Kinder und eine für junge Erwachsene. Von 1925 an wurde sie von Minna Specht geleitet. Es herrschte eine große Freiheit und Entfaltungsmöglichkeiten. So wurden sogar die Lehrer geduzt. Laut Nelson: „eine Schule, in der man nicht zu lügen braucht."[7]

Das pädagogische Konzept der Walkemühle besaß einige Gemeinsamkeiten, wie auch Unterschiede mit dem Lietzschen Konzept, die ich nun nachfolgend aufzeigen möchte.
Gemeinsam sind sowohl die theoretischen u. praktischen Arbeiten miteinander zu verbinden, das Exemplarisches Lernen mit Projektunterricht
Und die Haus- und Gartenarbeit als Gemeinschaftsaufgabe. Außerdem wurden die Schülerleistung nicht durch Zensuren, sondern durch Prüfungstage aufgezeigt.
Sowohl in den Lietz Schulen, wie auch der Walkemühle wurde das
einfache ländliche Leben durch kulturelle Abendveranstaltungen bereichert.

Darüberhinaus trennten einige Besonderheiten des schulischen Konzepts die Walkemühle von den Lietzschen Schulen und gaben ihr eine eigene Prägung und Eigenständigkeit.

---

[7] vgl. http://www.philosophisch-politische-akademie.de/specht2.html#6

Die mit der Philosophie von Kant und Fries begründete Ethik Leonard Nelsons machte den Hintergrund für die pädagogische Arbeit aus. Die „sokratische Methode" im Unterrichtsgespräch, die das Selbstdenken und die „vernünftige Selbstbestimmung" stärken sollte. Darüberhinaus sollte zur geistigen Unabhängigkeit und bewusstem Handeln in der Gesellschaft angeleitet werden. Der Schulunterricht war kostenfrei, um jeden geeigneten Kind und Erwachsenen die Möglichkeit der Teilnahme an dem Leben auf der Walkemühle zu ermöglichen. Sowohl Frauen und Männer als auch Akademiker und Arbeiter galten als gleichberechtigt. Im Gegensatz zu Lietz war der Nationalsozialismus der Schule fremd. Die Einstellung der Schule war gar antimilitaristisch. Dennoch engagierten sich die Schüler in der Politik bei Jungsozialisten, SPD und USPD, bei den Freidenkern und in Gewerkschaften. Die Schule besaß teilweise Menschen aus bis zu zwölf Ländern und Kontinenten. Vegetarismus bestimmte die Ernährung. Laut Nelson sollten Tiere „nicht zum Werkzeug menschlicher Lust gemacht werden". Auch die Abstinenz von Alkohol und Nikotin prägten das sozialistische Gemeinschaftsleben[8].

2.2 Die Erwachsenenbildung

Die Erwachsenenbildung war geprägt durch ein sehr einfaches Leben, eigene Studien, praktische Aufgaben, politische Arbeit und Enthaltsamkeit. Es gab drei Jahreskurse für 17-20 jährige und ein Jahreskurs für Berufstätige.
Die politische Führererziehung war die Hauptaufgabe der Erwachsenenbildung. Gesunde, Starke, Fleißige gehörten zu den Auserwählten. Es herrschte eine hierarchische Organisation vor. Ein soziales Verantwortungsgefühl für Ungerechtigkeit, Unterdrückung und Not, sowie der politische Kampf für Freiheit und Gerechtigkeit waren Bestandteil der Ausbildung. Das politisches Engagement wie Außenarbeit in Jugendgruppen der umliegenden Ortschaften wurde alle paar Wochen durchgeführt. Der Kontakt zur Außenwelt wie auch zur Kirche durften nicht unterhalten werden. Englisch war aufgrund der Internationalität der Schüler eine für damalige Verhältnisse ungewöhnliches Unterrichtsfach. Es herrschte dadurch eine internationale Solidarität vor, die besonders Gewicht im Unterricht auf Erkenntnis wirtschaftlicher, staatsbürgerlicher, geschichtlicher und naturkundlicher Art legte. Darüberhinaus sollte der Charakter gefestigt, die Urteilsfähigkeit verbessert werden

---

[8] vgl. Inge Hansen-Schaberg 1992, S.169 f

und eine Bereitschaft zur Selbsterziehung entstehen. Im Unterricht herrschte anstelle von Frontalunterricht ein selbstständiges Studium vor. In den ersten Monaten des Kurses wurden viele Projekte und handwerkliche Arbeit in Werkstätten, Schreinerei oder Schlosserei durchgeführt, um auch die Sprache und Mitstudenten kennenzulernen. Das Ziel der Ausbildung war den Beruf des Politikers ergreifen, Führung im öffentlichen Leben übernehmen u. die Gesellschaft reformieren[9].

Die Erwachsenenabteilung der Walkemühle wurde 1931 aufgelöst, Lehrerinnen und Lehrer gingen nach Berlin. Sie versuchten, den drohenden Nationalsozialismus abzuwenden, und arbeiteten in der vom ISK (Internationaler Sozialistischer Kampfbund) gegründeten Tageszeitung „Der Funke" mit. Hier erschien im Sommer 1932 ein „Dringender Appell" des ISK, mit dem Ziel, über ein Wahlbündnis von SPD und KPD die Nazis aufzuhalten. Albert Einstein, Heinrich Mann, und auch Minna Specht und viele andere unterzeichneten diesen Apell. Nachdem die Macht im Staate im Januar 1933 an Hitler übergeben worden war, zog die Kinderabteilung der Walkemühle schon im März nach Dänemark und 1938 weiter nach England. Dort kam es zur Beschäftigung u.a. mit der Pädagogik von Maria Montessori und Alexander Neill.

Zur Nazi-Zeit war die Walkemühle Gauführerschule, zeitweise wurden Menschen dort auch interniert. Nach dem Zweiten Weltkrieg für kurze Zeit von den „Falken" genutzt, Kinderheim, einige Jahrzehnte eine Fabrik der Papierverarbeitung, befindet sich zur Zeit eine Einrichtung des Berufsfortbildungswerks auf dem Gelände der Walkemühle[10].

3. Landerziehungsheime

3.1 Antizipation, Wirkung und Konsequenzen der Landerziehungsheime

Obwohl die Landerziehungsheime prozentual gesehen nur einen verschwinden geringen Anteil an der Gesamtpopulation der Schüler ausmachten, waren die Auswirkungen und Konsequenzen auf Gesellschaft und Schulsystem dennoch sehr enorm hoch.

---

[9] vgl. Inge Hansen-Schaberg 1992, S.49 ff
[10] vgl. http://www.philosophisch-politische-akademie.de/specht2.html#6

So entstanden übergreifende Emanzipationen, wie soziale Emanzipation, Frauenbewegung, Emanzipation der Jugend. Außerdem entstand das „Leben lernen" wie behaupten, bewältigen und Hilfe. Daraufhin entstanden Jugendstrafanstalten, Tagesheime, staatliche LEH, SOS-Dörfer, Tageskrippen und weitere Einrichtungen. Auch der Bedarf an Heimerziehung, bzw. außerfamiliärer Erziehung ist heute gang und gäbe. Ein exemplarisches Beispiel hierfür sind die Ganztagesschulen. Auch die Sozialinstitution Gesellschaft, Berufswahl, Freizeitgestaltung und moralisches Bewusstsein ist heutzutage kein streng gehütetes Privileg der Familie mehr. Die Landerziehungsheime sind eine Art Entwurf der Schule. Schule wird vergesellschaftet, mehr pädagogische Aufgaben, Verantwortung für psychologischen Reifungsprozess entstehen[11].

Viele staatliche Schulen haben etwas von dem übernommen, was die LEH entwickelt und erprobt haben.

Die Koedukation entstand, das exemplarische Lernen und der Projektunterricht, Naturkosternährung und Reformkleidung, fächer und jahrgansübergreifende Projekte, praktisches Lernen, integrierte Gesamtschule u. Modelle für das Kurssystem der gymnasialen Oberstufe sowie die Verbindung von Allgemeinbilddung u. Berufsbildung entstanden[12].

3.2 Landerziehungsheime heute

Die absolute Anzahl der Schüler (3300) in Landerziehungsheimen bleibt auch heute noch verschwindend gering. Der Einfluss der 21deutschen Landerziehungsheime bleibt dennoch ungebrochen. „Die LEH- Internate sind anspruchsvolle, pädagogisch besonders profilierte Privatschulen und sehen sich an der Spitze des schulpädagogischen Fortschritts."[13]

So gab es 1996 in der Bundesrepublik 12,5 Mio. Schüler. Davon haben ca. eine halbe Mio. eine Schule in freier Trägerschaft besucht, was ca. 5 % ausmacht. Im Vergleich dazu sind in den Niederlande ca. 70 % der Schüler in nicht Staatsschulen. Der Grund hierfür liegt in Artikel 7GG, der besagt, dass das gesamte Schulwesen unter Aufsicht des Staates steht. Die halbe Million Schüler in einer Schule in freier Trägerschaft teilen sich auf in 330.000 kath. Trägerschaft, 150.000 ev. Trägerschaft,

---

[11] vgl. Andreesen 1930, S. 138ff
[12] vgl. Harder 2002, S.251f
[13] vgl. http://www.leh-internate.de/index.htm

90.000 VDP, 70.000 Freie Waldorfschule und 3300 in Landerziehungsheimen[14].
Allerdings bieten Landerziehungsheime ca. 1/3 des in Deutschland verfügbaren Internatsangebotes. Die LEH-Internate sind anspruchsvolle Internatsschulen, die ihren Schüler u. Schülerinnen eine umfassende Persönlichkeits-und Charakterbildung ermöglichen wollen. Bildung und Erziehung bilden hierbei eine Einheit. Erfahrene Erzieher sind zugleich auch Lehrer. Besonderen Wert wird auf die Verbindung von „Kopf, Herz und Hand" gelegt, die durch außerschulische Erlebnisse zusammengeführt werden. Die Landerziehungsheime berufen sich auf ihren reformpädagogischen Ursprung. So findet man sie an geografisch besonderen Orten wie reizvolle Mittelgebirge, Hochalpen, Küste oder zumindest abseits von großen Städten, da die Schulgründer der Meinung sind, dass die Umwelt, in der ein Mensch aufwächst und die hervorgerufenen Eindrücke den Menschen prägen. Die Landerziehungsheime sind konfessionell unabhängig und koedukativ. Die Landerziehungsheime sind staatlich anerkannt und die Zeugnisse und Abschlüsse den staatlichen Schulen gleichgestellt. Sie stehen Mädchen und Jungen aller Konfessionen und Nationalitäten offen[15].

Allerdings stellt sich hier die Frage, ob die von den Landerziehungsheimen vorgesehene Offenheit überhaupt der Realität entspricht.

Bei durchschnittlichen Kosten von 2000 Euro pro Schüler[16] besteht bereits eine sehr große Selektion der Schüler.

---

[14] vgl. Harder 2002, S.253ff
[15] vgl. http://www.leh-internate.de/6Merkmal.htm
[16] vgl. http://www.leh-internate.de/7Kosten.htm

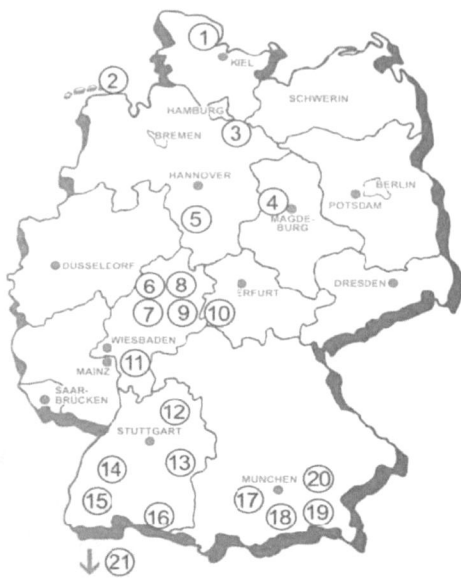

Abb. 1 Eine geografische Übersicht der Landerziehungsheime (aus: http://www.internate.de/de/was-sind-leh-internate.html)

Nachwort

Besonders interessant an diesem Thema fand ich zum einen die pädagogischen und politischen Einstellungen von Minna Specht und die einschneidenden Veränderungen in ihrem Leben. Ein Mensch lernt in seinem Leben nie aus, sondern wird durch neue Erfahrungen geprägt und ändert gegebenenfalls seine Einstellung. So ist es für mich beeindruckend wie Specht mit der radikalen Führererziehung beginnend über Friedens- und Demokratieerziehung bis hin zur Erziehung der sozialen Verantwortung ihr pädagogisches Konzept durchzieht. Für bemerkenswert halte ich auch die Feststellung, dass die Landerziehungsheimen ihrer Zeit voraus waren. Trotz ihrer geringen Anzahl hatten und haben die Landerziehungsheime einen großen Einfluss auf die Schullandschaft ausgeübt. Ihr antizipatorisches Wirken und Handeln ist enorm. So standen bereits in der Weimarer Republik Soziales Verantwortungsgefühl, Schülerselbstverwaltung, ein großes Kulturelles Angebot, der Versuch der Lebensfremdheit der staatlichen Schulen entgegenwirken und eine Art Ganztagsschule als reformpädagogische Errungenschaften zu buche. Viele dieser Begriffe sind gerade wieder aktuell und im Diskurs, sodass die Landerziehungsheime und ihre Wichtigkeit für die heutige Schullandschaft nochmal hervorgehoben werden.

Literaturverzeichnis

Andreesen :Ergebnisse und Folgerungen (1930) In: Dietrich (Hrsg):Die Landerziehungsheimbewegung.Verlag Julius Klinkhardt, Bad Heilbrunn 1967

Becker/Eichler/Heckmann:Erziehung und Politik. Verlag Öffentliches Leben, Frankfurt am Main, 1960

Benner/Kemper: Quellentexte zur Theorie und Geschichte der Reformpädagogik I+II, Weinheim 2001

Ferenschild: Führende Internate-Internatsberatung Dr. Hartmut Ferenschild, http://www.internate.de/, 07.08.2008

Ferenschild: LEH Vereinigung deutscher Landerziehungsheime, http://www.leh-internate.de, 07.08.2008

Fischer: Minna Specht – eine politische Pädagogin http://www.fes.de/archiv/newsletter/NL%202006/NL%2001%202006/html12006/specht.html, 07.08.2008

Giesselmann: Die Walkemühle Landerziehungsheim von (1921-1933), http://www.seeit.de/walkemuehle/walkemuele-01.html, 07.08.2008

Harder: Landerziehungsheime auf dem Weg in ihr zweites Jahrhundert. In: Schaberg/Schonig (Hrsg):Basiswissen Pädagogik: reformpädagogische Schulkonzepte.Schneider Verlag Hohengehren, 2002

Koerrenz: Landerziehungsheime in der Weimarer Republik, Frankfurt am Main 1992

Koerrenz:Landerziehungsheime in der Weimarer Republik. Verlag Peter Lang, Frankfurt am Main, 1992

Oelkers, Juergen: Reformpädagogik: eine kritische Dogmengeschichte / 4., vollst. überarb. und erw. Aufl.. - Weinhei ; München: Juventa, 2005

Philosophisch-Politische Akademie e.V: pädagogische und politische Arbeit Minna Specht, http://www.philosophisch-politische-akademie.de/specht2.html#6, 07.08.2008

Schaberg:Minna Specht-Eine Sozialistin in der Landerziehungsheimbewegung (1918 bis 1951).Verlag Peter Lang, Frankfurt am Main, 1992

Scharberg/Schonig: Basiswissen Pädagogik I+II, Baltmannsweiler 2002

Vereinigung Deutscher Landerziehungsheime e.V. - Stuttgart: Herausgefordert, Landerziehungsheime auf dem Weg in ihr zweites Jahrhundert: Dokumentation der 2. Großen Mitarbeitertagung Aller Landerziehungsheime, vom 2.-5.11.2000 in Heidelberg / 2001